Moje czytanki

Martynka

Kochana mamusia

Na podstawie książek Gilberta Delahaye'a i Marcela Marliera
opowiada Liliana Fabisińska

Papilon

GRUPA WYDAWNICZA
PUBLICAT S.A.

Papilon	Publicat	Elipsa	Wydawnictwo Dolnośląskie	Książnica
książki dla dzieci: baśnie i bajki, klasyka polskiej poezji, wiersze i opowiadania, powieści, książki edukacyjne, nauka języków obcych	poradniki i książki popularnonaukowe: kulinaria, zdrowie, uroda, dom i ogród, hobby, literatura krajoznawcza, edukacja	albumy tematyczne: malarstwo, historia, krajobrazy i przyroda, albumy popularnonaukowe	literatura młodzieżowa, kryminał i sensacja, historia, biografie, literatura podróżnicza	literatura kobieca i obyczajowa, beletrystyka historyczna, literatura młodzieżowa, thriller i horror, fantastyka, beletrystyka w wydaniu kieszonkowym

NajlepszyPrezent.pl
TWOJA KSIĘGARNIA INTERNETOWA

Tytuł oryginału – *Martine fête maman*
Ilustracje – Marcel Marlier
Redaktor prowadzący – Anne-Sophie Tournier
Redakcja – Marie-Amélie Clercant
Redakcja serii – Patricia Tollia – pages de France
Autor stron dodatkowych – Mireille Fronty
Opracowanie graficzne – Céline Julien

Redakcja i korekta wersji polskiej – Anna Belter, Eleonora Mierzyńska-Iwanowska
Opracowanie graficzne wersji polskiej i okładki – Elżbieta Baranowska, Marek Nitschke

Martine fête maman, książka stworzona przez Gilberta Delahaye'a
i Marcela Marliera/Léaucour Création
Oryginalne wydanie w języku francuskim © Casterman
© Editions Atlas (layout and the documentary leaflet)
Wydanie polskie © Publicat S.A. MMXII, MMXIV

Opublikowano na mocy umowy z Editions Casterman

ISBN 978-83-245-9783-3

Papilon – znak towarowy
Publicat S.A.
61-003 Poznań, ul. Chlebowa 24
tel. 61 652 92 52, fax 61 652 92 00
e-mail: papilon@publicat.pl
www.publicat.pl

ROZDZIAŁ 1

Co kryje świnka-skarbonka?

Martynka kładzie palec na ustach i cichutko skrada się do regału.

– Pieseczku, pilnuj drzwi – prosi szeptem. – Jeśli mama wyjdzie z łazienki, zaszczekaj.

— Ile mamy czasu? — pyta Janek, idąc na paluszkach w jej stronę.

Martynka wzrusza ramionami. Mama myje włosy, to zawsze trochę trwa… Ale jak długo? Kto to może wiedzieć!

Dzieci chowają się za kanapą.

— No już, wysypuj! — Martynka pogania brata, słysząc szum odkręconej wody.

Janek pierwszy odwraca niebieską świnkę-skarbonkę do góry nogami i potrząsa nią energicznie,

próbując wydobyć całą zawartość. Monety spadają na ziemię jedna po drugiej.

– Ale hałas! – Martynka z niepokojem patrzy w stronę drzwi. – Myślisz, że mama nic nie słyszy?

Ale Janek zaczyna już przeliczać pieniądze. Osobno kładzie złotówki, osobno pięćdziesięciogroszówki. Znalazł też kilka dwuzłotówek. Pięciozłotówki na razie nie widać, a jest pewny, że dostał ją od dziadka miesiąc temu. Sam wrzucał ją do skarbonki…

– Jeszcze coś musi być w środku – mówi.

Teraz to Martynka rusza świnką we wszystkie strony w nadziei, że ostatnie pieniążki wysuną się przez otwór na jej plecach.

– Chyba będzie trzeba ją rozbić – wzdycha Janek. Ale zaraz kręci głową. – Nie, wtedy mamusia od razu się zorientuje, że coś kombinujemy.

Plan jest przecież zupełnie inny. Dziś tylko policzą pieniądze i wrzucą je do świnki z powrotem. Potem rozejrzą się po sklepach za prezentem, który mogą kupić za tę sumę i dopiero w ostatniej chwili wyciągną oszczędności ze skarbonki i pójdą je wydać. Tym sposobem mama nie domyśli się, że szykują niespodziankę.

Woda w łazience przestała szumieć.

– Mamusiu, weź suszarkę! – prosi szeptem Martynka. Ale mama oczywiście jej nie słyszy.

Dziewczynka delikatnie potrząsa świnką jeszcze raz. I dwie monety z brzękiem uderzają o podłogę. Martynka drży. Wydaje jej się, że ten dźwięk jest głośny jak kościelne dzwony. Mamusia po prostu musi go słyszeć!

Ale drzwi się nie otwierają, a piesek stojący na straży nie szczeka…

– Jest bezpiecznie – mówi Janek i przegania ręką kotka. – Obudziliśmy cię tym hałasem, tak? Przepraszamy… Tak, wiem, lubisz, jak coś błyszczy i toczy się po ziemi. Ale pieniążki nie są do zabawy!

– To już wszystko – stwierdza Martynka. – Możemy zacząć liczyć.

Nagle piesek pod drzwiami zaczyna ostrzegawczo popiskiwać.

– Mama wychodzi – szepcze Martynka. – I co teraz zrobimy?

Nie mogą wrzucić monet z powrotem do świnki, bo zrobiłyby za dużo hałasu. Schować je pod dywan i szybko odstawić skarbonkę na regał? No tak, to może i jest jakieś rozwiązanie, ale co będzie, jeżeli mama stanie na dywanie i wyczuje pod nogami twarde monety? Albo weźmie świnkę do ręki i zobaczy, że nic w niej nie ma? Często ją przesuwa, odkładając książki na regał. Zresztą czy w ogóle zdążą wybiec zza kanapy i odstawić skarbonkę, zanim wejdzie mama?

Piesek zaczyna szczekać jak szalony.

– Co się dzieje? – pyta mama, stojąc tuż pod drzwiami. – Czego chcesz?

– Hau, hau, hau! – nie przestaje szczekać piesek.

– O co chodzi, piesku? – drąży mama.

Martynka i Janek wstrzymują oddech.

– Chcesz pić? – Zza drzwi znów dobiega głos mamy. – No dobrze, chodź do kuchni, zaraz naleję ci wody…

– Dzielny piesek! – uśmiecha się Martynka.

Schowane za kanapą dzieci kończą liczyć pieniądze i szybko, najciszej jak potrafią, wsypują je z powrotem do świnki. A potem delikatnie odstawiają ją na miejsce. Bardzo delikatnie…

– Roześmiej się na mój znak bardzo głośno! – prosi brata Martynka. – Trzy, cztery!

Głośny wybuch śmiechu doskonale maskuje kroki dziewczynki na skrzypiącej podłodze i szuranie przy ustawianiu skarbonki na regale.

Tak naprawdę Jankowi nie jest jednak wcale do śmiechu.

– Ta pięciozłotówka… Gdzie ona się podziała? – Wciąż nie daje mu spokoju zaginiona moneta. – Pamiętam, że wrzucałem ją do skarbonki zaraz po powrocie od dziadka…

Gdy mama wchodzi do pokoju, dzieci siedzą na kanapie, oglądając książkę o dalekich podróżach. Na twarzach mają rumieńce i jakieś dziwne uśmiechy.

– Planujecie wyprawę dookoła świata? – pyta mama zadowolona, że spędzają wolny czas z daleka od telewizora. – Słyszałam, Janku, że coś cię bardzo rozbawiło…

Nagle spod regału dobiega dziwny dźwięk. Mama schyla się i wyciąga stamtąd zakurzonego kotka!

– Po co tam wszedłeś, łobuziaku? – śmieje się, otrzepując go z kurzu. – Piłeczka wpadła ci pod regał? Nie, to nie piłeczka…

W palcach mamy błyszczy duża moneta.

– Pięć złotych? – dziwi się mamusia. – Skąd ta moneta się tam wzięła? Przykro mi, kotku, ale ona nie jest do zabawy. Wrzucimy ją do skarbonki Marynki i Janka, zgoda?

ROZDZIAŁ 2

Za mało pieniędzy

Po obiedzie Janek i Martynka szybko sprzątają ze stołu, po czym pytają niewinnie:
– Możemy iść się pobawić?
– Oczywiście – kiwa głową mama.

Dzieci siadają na łóżku Martynki, rozkładając wokół miski i pluszowe smoki dla niepoznaki i zaczynają szeptać.

– Czterdzieści dwa złote i trzynaście groszy – mówi Martynka. – Myślałam, że będzie więcej…

– Dodaj jeszcze pięć złotych! – przypomina jej Janek. – Mamusia wrzuciła przecież tę monetę do świnki już po naszym przeliczeniu pieniędzy.

– Masz rację! – kiwa głową Martynka. – Czterdzieści dwa plus pięć, to razem… Tak! Mamy czterdzieści siedem złotych i trzynaście groszy. To już prawie pięćdziesiąt.

– Może dostaniemy jeszcze złotówkę albo dwie od dziadka? – wzdycha z nadzieją jej brat. – Ale mimo wszystko to niewiele. Co moglibyśmy za to kupić? Może jakiś naszyjnik?

– Naszyjniki są bardzo drogie – kręci głową Martynka. Ale bardzo podoba jej się pomysł, żeby dać mamie biżuterię. Ona przecież tak lubi wisiorki, pierścionki, kolczyki…

Dziewczynka przypomina sobie piękny meksykański wisiorek, który widziała na straganie w czasie spaceru z mamą po starym mieście. Podobno zrobił go prawdziwy artysta. Jest niepowtarzalny, jedyny taki na świecie! Jednak na pewno kosztuje więcej niż czterdzieści siedem złotych. Srebro nie należy do tanich.

– Może pierścionek? – podsuwa Janek. – Jest mniejszy od wisiorka, więc może kosztuje trochę mniej?

– Pierścionek daliśmy jej na urodziny – przypomina mu Martynka. – I też nie był wcale tani, musieliśmy prosić tatę, żeby się z nami na niego złożył. A przecież tym razem chcemy zapłacić za prezent sami, prawda?

– No tak – wzdycha Janek. – Musimy wymyślić coś tańszego. I oryginalnego. Coś, czego mama jeszcze nigdy od nas nie dostała!

– Na szczęście do Dnia Matki zostały dwa tygodnie – mówi Martynka, patrząc na kalendarz. – Na pewno wpadnie nam do głowy jakiś pomysł…

Następnego dnia pogoda jest naprawdę paskudna. Deszcz i porywisty wiatr zmieniają drogę powrotną ze szkoły do domu w wyprawę pełną niebezpieczeństw. Ulica wygląda jak rwąca rzeka.

– Dobrze, że mamy kurtki przeciwdeszczowe i kalosze. – Martynka, skulona, przekrzykuje wiatr.

Pięć minut później w kaloszach chlupie jej woda, a ciałem wstrząsają dreszcze.

To jednak nic w porównaniu z tym, co spotyka mamusię! Przyszła po Martynkę i Janka do szkoły,

Mama nie znosi deszczu. Może zmieni to nowa parasolka?

schowana pod swoją śliczną parasolką w kwiatki. I nagle, gdy wychodzą z wąskiej uliczki na skwerek, potężny podmuch wiatru szarpie parasolką, odwraca ją na drugą stronę i łamie druty na pół!

– No to żegnaj, moja droga – wzdycha mama i wyrzuca połamaną parasolkę do kosza na śmieci. A potem mówi do dzieci: – Biegnijmy do domu!

Martynka i Janek zostają krok z tyłu.

– Kupimy mamie nową! – szepcze Martynka konspiracyjnie.

Co za wspaniały pomysł!

– Kolorową, piękną! – cieszy się Janek. Paskudna pogoda teraz zaczyna mu się podobać.

– Pospieszcie się, dzieci! – Mama jest już całkiem mokra.

Przy kolacji mama opowiada tacie o połamanej parasolce, a Martynka i Janek wymieniają porozumiewawcze spojrzenia. Wiedzą już, jaki prezent kupią na Dzień Matki.

– Odbierzesz jutro dzieci ze szkoły? – pyta nagle mama tatusia. – Poszłabym po pracy do sklepu po nowy parasol. Będzie mi potrzebny, bo prognozy na najbliższe dni są okropne.

– Oczywiście – uśmiecha się tata.

A Martynka i Janek spuszczają wzrok i zupełnie tracą apetyt na te pyszne kanapki z serkiem i rzodkiewką. Bo okazuje się, że wciąż nie mają pomysłu na prezent dla mamy.

Następnego dnia tatuś odbiera dzieci ze szkoły.

– Moglibyśmy wpaść na moment do sklepu z płytami? – prosi go Janek.

Tatuś zgadza się z radością. Uwielbia muzykę, a zwykle nie ma czasu na wyprawy do takich sklepów.

– Chcemy kupić mamie prezent – zdradza mu Martynka. – Poszukamy jakiejś płyty, która jej się spodoba.

Niełatwo jest znaleźć taką płytę. Mama sama kupuje sobie nagrania ulubionych zespołów. Podoba jej się

jazz, blues, lubi muzykę gitarową. Na półce nad jej biurkiem brakuje miejsca.

– To mama już ma. To też. – Tata próbuje coś podpowiedzieć.

– O, tego nie ma! Posłuchajmy.

Ekspedientka włącza dzieciom fragmenty dwóch piosenek.

– Tak, to by się jej podobało – kiwa głową Janek skupiony na dźwiękach płynących przez słuchawki.

– Nawet bardzo – zgadza się z nim tata.

Martynka patrzy na cenę i przygryza wargę. Mają o cztery złote za mało!

– Dołożę wam te pieniądze. – Tata sięga po portfel.

– Nie! – powstrzymują go dzieci. – Obiecaliśmy sobie, że tym razem nie będziemy cię prosić nawet o dwa złote. Musi wystarczyć to, co mamy.

– Może w takim razie zróbcie coś sami? – podpowiada tata. – Mama najbardziej lubi własnoręcznie wykonane prezenty.

Martynka bezradnie wzrusza ramionami.

– Wiem, że je lubi… Ale nie wiem, co moglibyśmy dla niej zrobić!

– Może zawiozę was do babci? – uśmiecha się tata. – Ona na pewno wam pomoże.

– Super! – Dzieci podskakują z radości. – Babcia ma w swoich szufladach prawdziwe skarby. Tasiemki, guziki, farbki, koronki… Jedźmy tam od razu!

ROZDZIAŁ 3

Batik z Jawy

abcia i dziadek nie spodziewają się gości. Ale to bez znaczenia. Babcia jest mistrzynią improwizacji. Zawsze potrafi wymyślić jakąś fantastyczną zabawę i ma pod ręką mnóstwo przysmaków… albo błyskawicznie je przygotowuje.

– Wchodźcie, wchodźcie! – powtarza dziadek, przytulając wnuki. – Babcia smaży właśnie racuchy.

– Super! – cieszy się Janek i zaraz wyjaśnia: – Ale my nie przyszliśmy się najeść. To znaczy, oczywiście, racuchy są pyszne i bardzo się cieszymy, ale...

– Ale potrzebujemy pomocy w sprawie prezentu na Dzień Matki – wspiera brata Martynka.

Kwadrans później okazuje się, że nie tylko oni szukają pomysłów na prezent. Z tą samą sprawą przychodzą ich kuzynki – Lena i Marysia.

– Mogą u was zostać parę godzin? – upewnia się wujek Jacek, tata dziewczynek.

– Mogą nawet na cały weekend! – śmieje się dziadek.

Tacie Martynki i Janka powiedział przed chwilą dokładnie to samo. Praca nad prezentem dla mamy może przecież trochę potrwać.

– Może coś wyhaftujecie? – pyta babcia, wyciągając z szafy kawałek białego materiału. – Lenko, uczyłam cię niedawno haftować krzyżykami, pamiętasz?

– Tak, babciu! To świetny pomysł! – Lena aż podskakuje z radości. – Mama ostatnio mówiła, że chciałaby powiesić nad stołem jakiś ładny obrazek.

– Pomogę ci! – cieszy się jej młodsza siostra Marysia. – Mogę pokolorować kredkami wszystkie listki, żeby ci było łatwiej dobierać mulinę. Chcesz?

– Jasne – uśmiecha się Lena.

– Co to jest mulina? – pyta Janek. – Ta nitka czy raczej włóczka, którą się wyszywa?

– Tak, taka miękka bawełniana cienka włóczka – kiwa głową Lena.

– Wam to dobrze! – Jankowi wcale nie jest wesoło. – Ja nie dam rady nic wyhaftować.

– Ja też nie – przygryza wargę Martynka. – Próbowałam w szkole, nawet dwa razy, i okropnie mi to nie wychodziło. Musimy wymyślić coś innego…

Po małej przerwie na podwieczorek z racuchami w roli głównej Lena siada do pracy. Skupiona wbija igłę miejsce przy miejscu.

Marysia przez chwilę przygląda się jej dłoniom, a potem pyta:

– Babciu, może mogłabym zrobić dla mamusi wisiorek z masy solnej? Na Boże Narodzenie uczyłaś nas robić aniołki z takiej masy…

– Świetny pomysł! – Babcia od razu wyjmuje z szafki sól i nalewa wody do miseczki. – Czy wiesz, jak miałby wyglądać ten wisiorek? Może go najpierw naszkicujemy?

Marysia pochyla się nad kartką i zaczyna kreślić wymarzony wisiorek.

Janek ciężko wzdycha.

– A my wciąż nie mamy żadnego pomysłu!

– Zróbcie wisiorek, tak jak ja! – podsuwa Marysia.

Ale Janek kręci głową:

– Nasza mama zgromadziła już całą kolekcję przedmiotów z masy solnej. Wisiorki też ma.

– Na stole zabrakłoby miejsca, by wszystkie te rzeczy ustawić jedna przy drugiej – śmieje się Martynka. A na widok smutnej miny Marysi szybko dodaje: –

Masa solna jest super i mama zawsze bardzo się z nich cieszyła. Tylko… no wiecie… w przedszkolu przy każdej okazji robiliśmy prezenty z masy solnej. Żadnych laurek, wyklejanek, plasteliny, modeliny, skraw-

ków materiału, koralików. Pod choinkę masa solna, na urodziny i imieniny – masa solna, na Dzień Matki, Dzień Ojca, Dzień Babci i Dzień Dziadka…

– …masa solna! – kończą zdanie chórem Lena i Marysia.

– No właśnie – kiwa głową Janek. – W dodatku było nas dwoje, mama dostawała więc tony wyrobów z masy solnej. I teraz, kiedy chodzimy do szkoły, chcielibyśmy dać jej dla odmiany coś innego.

– Może jednak coś wyhaftujecie? – podpowiada Lena, podnosząc głowę znad płótna. – To wcale nie jest takie trudne.

– Chłopaki nie haftują! – denerwuje się Janek.

– Ależ to nieprawda. – Babcia przybywa z odsieczą. – Jest wielu mężczyzn, którzy się tym zajmują. Niektórzy są sławni, ludzie przyjeżdżają na ich wystawy nawet z innych krajów.

Janek nie wygląda na przekonanego. Chciałby zrobić dla mamy coś ładnego… ale czy to naprawdę musi być haftowane?

Babcia siada w fotelu, a Marysia szybko wskakuje jej na kolana. Od razu poznaje tę minę babci i jej nieco nieobecny wzrok. To znak, że będzie opowiadać o dalekich krajach i podróżach, które odbyli z dziadkiem… Rzeczywiście, babcia uśmiecha się i mówi:

– Pamiętam spotkanie z pewnym mężczyzną w maleńkiej wiosce na Jawie.

– Na Jawie? – Marysia nigdy nie słyszała o tym miejscu.

– To wyspa na Oceanie Indyjskim, niedaleko Australii – wyjaśnia dziadek. – Pamiętasz, jak pokazywałem ci zdjęcia kangurów z Australii? No więc właśnie, najpierw byliśmy w Australii, a potem popłynęliśmy statkiem na Jawę.

– I co z tym mężczyzną? – niecierpliwi się Janek.

– Robił batik – mówi babcia.

– Batik? A co to takiego? – pyta Janek. Nigdy nie słyszał tego słowa. Brzmi tajemniczo i egzotycznie. I, co najważniejsze, robił to mężczyzna!

Babcia wstaje z fotela i zaczyna szukać czegoś w szufladzie.

– Jest! Wciąż tak samo piękny! – mruczy do siebie uśmiechnięta, wyciągając kawałek kolorowej tkaniny. Po chwili zamaszystym gestem rozkłada ją na stole.

– To właśnie batik – wyjaśnia.

ROZDZIAŁ 4
Sezamie, otwórz się!

N|a kwadratowym kawałku materiału widać wodę, falującą tak, jakby naprawdę poruszał nią wiatr. Są motyle i pomarańczowe kwiaty. Wszystko namalowane bardzo precyzyjnie, drobnymi ruchami.

– Możecie zrobić podobny dla waszej mamy – uśmiecha się babcia.

– Tak! – klaszcze w dłonie Martynka.

– Nie – kręci głową Janek. – To zbyt trudne.

– Widzieliśmy dokładnie pracę tamtego mężczyzny. – mówi dziadek. – Do tego niepotrzebny jest wielki talent ani jakieś szczególne umiejętności. Niezbędna będzie wam tak naprawdę tylko cierpliwość. Potężna dawka cierpliwości!

– Janku, proszę, zgódź się! – Martynka jest zachwycona pomysłem. – Mama będzie szczęśliwa. Nigdy jeszcze nie dostała batiku! Nie wiem, czy w ogóle słyszała o czymś takim…

Janek wzdycha ciężko i podaje siostrze rękę.

– No dobrze. Ale ty będziesz malowała te małe elementy.

– Tu niczego się nie maluje – uśmiecha się dziadek. – Będziecie używać wosku i specjalnego narzędzia zwanego tianting. Przywieźliśmy go z babcią z Jawy i do tej pory nie mieliśmy okazji użyć.

— Może się zepsuło? — W głosie Janka słychać nutkę nadziei. Wciąż nie jest przekonany, że uda im się zrobić coś naprawdę ładnego.

— Tylko sami nie ruszajcie wosku! — ostrzega babcia. — Moglibyście się poparzyć.

— Od czego zaczniemy? — pyta Martynka.

— Na początek musicie wejść na strych i poszukać starego prześcieradła albo poszewki na poduszkę — mówi babcia. — Sprane płótno najlepiej przyjmuje kolory. Znajdźcie też kilka białych świeczek, powinny być w pudełku zaraz przy schodach…

— Hurra! — wołają Martynka i Janek, biegnąc na górę. Uwielbiają strych w domu babci i dziadka.

— Ten strych jest jak skrzynia pełna skarbów — śmieje się Janek.

— Skrzynia? — kręci głową Martynka. — Skrzynia byłaby na to wszystko stanowczo za mała. Jest jak sezam wypełniony po brzegi kosztownościami! Zawsze można tam znaleźć coś niesamowitego. Stare stroje, idealne, żeby się przebrać na wymyślony bal u króla, kartony, z których dziadek zrobi nową grę planszową, tajemnicze słoje, zakurzone książki…

– Chodź już! – niecierpliwi się Janek, czekając przy drzwiach u szczytu schodów.

Zachodzące słońce wpada przez małe okienko, rysując na ciemnych, zakurzonych deskach pokrywających podłogę kilka jasnych linii. Reszta strychu tonie w mroku. Martynka wspina się na palce do włącznika światła. Naciska go i trzy gołe żarówki zawieszone na belce pod sufitem rozbłyskują jednocześnie.

– Ojej! – Marysia, która wspięła się po schodach tuż za Jankiem i Martynką, piszczy ze strachu. Na stryszku jest naprawdę niesamowicie.

– Ręce muszą mi trochę odpocząć od tego haftowania – usprawiedliwia się, głównie przed sobą samą, Lena i dołącza do wyprawy po stare płótno.

– Hau, hau! – szczeka jamniczek. Nie znosi tych stromych schodów, ale nie chce spuszczać Martynki z oczu. Kto wie, co czeka ją w tym dziwnym miejscu o niespotykanych zapachach?

Na strychu można znaleźć prawdziwe skarby.

Marysia robi krok do przodu, chcąc zajrzeć za stary chiński parawan i…

– Aaaaa! Duch! – woła przerażona.

– To nie duch, to kotek! – śmieje się jej starsza siostra. – On uwielbia buszować po różnych zakamarkach… No już, kotku, uciekaj łapać myszy.

– Tu są myszy? – Marysia wygląda, jakby się miała rozpłakać. Sama nie wie, co gorsze: duch czy mysz…

– Nie bój się – przytula ją Martynka. – Nawet jeśli jakaś myszka tu była, na pewno uciekła, słysząc szczekanie naszego pieska i twój krzyk.

Dzieci z radością przeszukują stare skrzynie. Znalazły haftowany obrus i jedwabne zasłony, ale nigdzie nie ma nawet śladu po spranych prześcieradłach!

– A psik! – kicha Janek.

– A ps… miau! – kicha kotek.

– Dużo tu kurzu. – Martynka czuje, że ją też zaczyna kręcić w nosie. – Może zawołamy babcię? Pomoże nam znaleźć to płótno.

– Zobaczcie, jakie piękne bombki choinkowe! Nigdy ich nie widziałem! – Janek wcale nie ma ochoty odrywać się od wielkiej skrzyni, której zawartość sprawia, że kicha raz za razem. – Te ozdoby nie wisiały na choince babci, zapamiętałbym je. Może babcia wcale nie wie, że je ma? Jaki piękny rycerz! I łańcuch, który lśni jak tęcza.

– Chodźcie tutaj! – woła Lena stojąca przy skrzyni pod ścianą. – Nie ma tu prześcieradła, ale jest płótno i koronka, i różne nici, i aksamit, i guziki, i wstążki, i…

– Sezamie, otwórz się! – szepcze Martynka, patrząc na zawartość pudła. – Mamy już chyba wszystko, czego nam trzeba. A nawet więcej…

– A świece? – przypomina jej brat. – Babcia mówiła chyba coś o świecach? Tylko nie pamiętam zupełnie, gdzie ich szukać…

Na kanapie na dole czeka dziadek z grubą książką.

– Wzornictwo z różnych stron świata. – Martynka odczytuje napis na okładce.

W środku są flagi krajów, wzory sfotografowane na ścianach i podłogach starych świątyń...

– Może znajdziecie tu coś dla siebie? – uśmiecha się dziadek.

Dzieci siedzą nad książką przez godzinę. Nie czują upływu czasu, są bowiem w innym, niezwykłym świecie. Spotykają tam żółwie, smoki, ryby, rajskie ptaki, słonie, jednorożce i rośliny we wszystkich kolorach tęczy.

Nagle Martynka przewraca stronę, a babcia, zaglądając jej przez ramię, woła:

– To będzie idealne! – Wskazuje palcem pawia w różnych odcieniach błękitu i zieleni.

– Za trudne – jęczy Janek, choć obrazek bardzo mu się podoba.

– To prezent dla naszej mamy – przypomina mu Martynka. – Warto się trochę pomęczyć, żeby był piękny. Masz rację, babciu. Paw będzie idealny!

ROZDZIAŁ 5

Pytanie zadane o północy

Babcia przygląda się uważnie obrazkowi.
— Musimy zrezygnować z tych gałązek pełnych pączków kwiatów tworzących obramowanie – decyduje. – Byłoby z nimi stanowczo za dużo pracy.

Możecie wybrać z książki jakiś inny, prosty motyw, który sprawi, że paw nie będzie na płótnie taki…

– Taki samotny? – uśmiecha się Martynka. I od razu podsuwa pomysł: – Jedna mała gałązka zamiast pięćdziesięciu? Jedną chyba damy radę zrobić.

– Dacie radę, nawet dwie albo trzy – kiwa głową babcia. – Coś jeszcze?

– Może słońce? – Janek pokazuje kolejną stronę książki z ciekawymi wzorami.

Babcia i Martynka mówią jednocześnie:

– Super! – I zaczynają się śmiać, też równocześnie.

– Chodźcie ze mną, musimy poszukać czegoś bardzo ważnego. – Babcia otwiera drzwiczki obok spiżarni i prowadzi dzieci w dół, do piwnicy.

Martynkę przeszywa dreszcz. Zawsze jej się wydaje, że piwnice w takich starych domach kryją jakieś mroczne tajemnice. Na przykład… nie, nie, zdecydowanie nie chce sobie tego teraz wyobrażać!

– Martynko, co się dzieje? – Babcia stoi już na samym dole. – Pospiesz się!

— Idę, idę – wzdycha dziewczynka, po czym zbiera
się w sobie i rusza za babcią.

— Hau, hau! – Piesek też wcale nie chce schodzić
do piwnicy.

— Tobie to dobrze – szepcze do niego Martynka. –
Nie robisz batiku i nie musisz niczego szukać. Zo-
stań na górze, a ja zaraz wrócę.

Nagle żarówka pod sufitem zaczyna migać i gaśnie.
Martynka chwyta babcię za rękę
i piszczy ze strachu.

— Stare żarówki często się
przepalają – tłumaczy babcia
i po omacku wyjmuje z szafki
przy drzwiach latarkę. Podłogę
omiata snop żółtego światła. –
Jak widzicie, zawsze jestem zabez-
pieczona. Moja sąsiadka złamała
nogę w takiej właśnie sytuacji.
Dlatego ja mam latarkę i dodat-

kowe żarówki w szafce na strychu i w szafce w piwnicy…

– Wymienimy tę żarówkę? – pyta Janek, który też
czuje się bardzo niepewnie.

– Za chwilę. – Babcia chyba w ogóle się tym nie
przejmuje! – Żeby zmienić żarówkę, musimy wyłą-
czyć korki. Ot tak, na wszelki wypadek, żeby nas
prąd nie kopnął. Najpierw więc znajdziemy to, po co
przyszliśmy. Musi gdzieś tutaj być…

Babcia przeszukuje dwie szafki. Bez skutku. Dopiero w trzeciej, na górnej półce, znajduje dwa małe,
płaskie pudełeczka.

– Wiedziałam, że gdzieś je tu schowałam! W zeszłym roku farbowałam stare firanki, żeby zrobić dla
Leny długą suknię na bal przebierańców w szkole.
Ach, jaką ona była piękną księżniczką! Widzieliście
zdjęcia?

Martynka i Janek przytakują, nie mając pojęcia, co
wspólnego ma suknia balowa ich kuzynki z batikiem
dla mamy.

— Lena uparła się, że sukienka musi być różowa. Zostało mi więc całe opakowanie zielonej farby do tkanin i drugie, też nieotwarte, z intensywnie pomarańczową. Jeśli zgodzicie się, żeby wasz paw był zielono-pomarańczowy, a nie zielono-niebieski, jak na obrazku, możemy zaraz wziąć się do pracy.

Czy się zgodzą? Ależ oczywiście! Zielono-pomarańczowy będzie nawet weselszy…

— Myślałam, babciu, że tylko na strychu trzymasz różne skarby – uśmiecha się Martynka. – A ty masz drugi sezam pełen niespodzianek tutaj w piwnicy!

Gdy rozlega się dzwonek do drzwi, dziadek ma tajemniczą minę.

— O nie! Tata po nas przyjechał! – załamuje ręce Martynka. – A my przecież jeszcze nie zaczęliśmy na dobre pracy nad batikiem.

— Zaczęliście, zaczęliście – pociesza ich babcia. – Wybór projektu, zgromadzenie potrzebnych materiałów, planowanie to także praca, i to ważna.

— No tak, ale… — Martynka jest niepocieszona. — Kiedy my to zrobimy?

Dziadek się nie odzywa, tylko otwiera drzwi.

Za drzwiami stoi tata z dużą torbą w dłoni.

— Słyszałem, że chcecie tu nocować? — uśmiecha się do dzieci.

— Naprawdę? Naprawdę możemy? — Martynka jest zaskoczona.

— Dziękujemy, tatusiu! — Janek rzuca mu się na szyję, ale zaraz poważnieje. — A co powiedziałeś mamie? — pyta. — Nie domyśli się, że coś kombinujemy?

— Powiedziałem, że Lena i Marysia spędzają weekend u dziadków i że chcecie z nimi trochę pobyć — wyjaśnia tata.

– Ale my… my zaraz musimy wracać do domu. – Usta Marysi wyginają się w podkówkę. – Nasz tatuś niedługo przyjdzie i…

– Spokojnie, mam tu i wasze piżamki, szczoteczki do zębów i ubrania na dwa dni! – Tata wyjmuje z dużej torby drugą, nieco mniejszą, i podaje dziewczynkom. – Ustaliłem wszystko z waszym tatą i po drodze wziąłem od niego rzeczy dla was.

– I powiedziałeś ich mamie, że ja i Janek jesteśmy u babci i dziadka, i że one chciałyby trochę się z nami pobawić? – domyśla się Martynka i grozi tacie palcem, śmiejąc się szeroko. – Oj, tatusiu! Nieźle to z wujkiem wymyśliliście.

Martynka nie może zasnąć. Cały czas myśli o batiku. Przewraca się z boku na bok, słucha miarowego pochrapywania kuzynek… Wciąż jednak nie przestaje jej dręczyć jedna, okropna myśl.

Wreszcie zrywa się z łóżka i biegnie do pokoju, gdzie babcia z dziadkiem oglądają telewizję.

– Martynko, już prawie północ! Co się stało? – Babcia ma przerażoną minę. – Boli cię brzuszek?

– Nie. Chodzi tylko o to… No bo… Jak my przerysujemy tego pawia na materiał? – Martynka wyrzuca z siebie pytanie dręczące ją od wielu godzin. – Przecież ja nie potrafię dobrze rysować. Janek jest w tym lepszy, ale on też nie da rady go skopiować!

Babcia i dziadek zaczynają się śmiać. Dziadek bierze Martynkę na kolana i mówi:

– Nie martw się dłużej tym pawiem, wszystko dobrze zaplanowaliśmy. Jutro, gdy tylko otworzą punkt ksero, pójdę z tą książką i skopiuję w odpowiednim powiększeniu i pawia, i słońce, które wybrał Janek. A potem przeniesiemy je na płótno.

– Ale jak? – niepokoi się Martynka.

– Zobaczysz – uśmiecha się dziadek.

– Obiecujesz? – pyta Martynka.

Minutę później zasypia u dziadka na kolanach.

– Zanieś do łóżka tę naszą małą żabkę – mówi babcia. – Niech się wyśpi, jutro czeka ją dużo pracy.

ROZDZIAŁ 6

Dużo wosku, dużo cierpliwości

Następnego dnia z samego rana dziadek idzie z książką do punktu ksero i wraca do domu z dużą kartką, na której widać wyraźnie kontury pawia, gałązki roślin i ogromne słońce.

– Słońce, właśnie! – kiwa głową dziadek. – Dobrze, że dziś tak pięknie świeci. Inaczej musielibyśmy przynieść lampkę z mojego biurka…

Dziadek przykleja kartkę taśmą klejącą do szyby w drzwiach kuchennych. Potem na wierzchu przykleja płótno, na którym ma powstać batik.

– To chyba jakaś magiczna sztuczka? – pyta Janek. – Wyraźnie widać tego ptaka przez płótno!

– Podziękuj promieniom słońca, które je podświetlają – uśmiecha się babcia.

A dziadek podaje wnukom ołówki i mówi:

– Teraz rysujcie na płótnie kontury, które pod nim widzicie. Prowadźcie ołówek po śladzie. Jeśli ołówek niezbyt dobrze widać, możecie wziąć flamaster…

Już po chwili na kawałku białego materiału pyszni się paw ze swym wspaniałym ogonem, a nad nim świeci słońce.

Babcia w tym czasie rozpuszcza w starym garnku świeczki znalezione na strychu.

— Gdy się całkiem stopią, wlejemy odrobinkę do tiantingu – wyjaśnia.

— Do czego? – Martynka szeroko otwiera oczy. Po chwili dostrzega leżące przy kuchence dziwne narzędzie, które wygląda jak miniaturowe sitko na długiej rączce. – Ach, to narzędzie z Jawy, tak?

— To coś w rodzaju pędzelka z pojemniczkiem. Tyle że nie będziemy rysować farbą ani tuszem, lecz woskiem – tłumaczy babcia. – O, nalewam odrobinkę i przykładam do materiału. Widzicie? Wosk wylatuje tędy. Musimy pokryć nim dokładnie wszystkie miejsca, których nie chcemy farbować na pomarańczowo.

— Mogę spróbować? – pyta Janek zachwycony.

Kwadrans później Janek ma aż rumieńce z wysiłku. Używanie tiantingu nie jest wcale trudne, jednak trzeba być bardzo cierpliwym i dokładnym.

— Pomogłabym ci, ale nie mamy więcej tych dziwnych lejeczków – mówi Martynka.

– Ależ oczywiście, że możesz pomóc bratu! – Babcia wyjmuje z szuflady pędzelek. – Poszukaj tych miejsc, których Janek nie pokrył całkowicie woskiem. I tych, gdzie tianting nie może dotrzeć, na przykład między pazurkami pawia. Zrób też cienką linię woskiem w miejscach, gdzie będą się stykać dwa kolory.

– Ale skąd mam wziąć wosk? – pyta Martynka.

A babcia przelewa z garnka odrobinę wosku do małego metalowego rondelka, kładzie go na kuchence, ustawiając palnik na najmniejszy możliwy płomień i mówi:

– Możesz delikatnie moczyć pędzelek w tym rondelku.

Kilka minut później do kuchni wchodzi Marysia.

– Skończyłam już ten wisiorek z masy solnej – mówi. – Teraz musi dobrze wyschnąć…

– Pomożemy mu w tym za pomocą suszarki do włosów – uśmiecha

się babcia. – Ale to wieczorem. Na razie niech po prostu poleży na słońcu.

– Położyłam go na parapecie, tam jest słońce przez cały dzień – kiwa głową Marysia. A potem zwraca się do Martynki i Janka: – Hej, zostawcie już ten swój baglik.

– Batik! – poprawiają ją chórem Martynka i jej brat.

– No mówię, batik – przygryza wargę Marysia. – Zostawcie go i chodźcie się pobawić.

– Nie mamy czasu – tłumaczy Martynka.

Marysia znów zagryza usta.

– Jesteś taka sama jak Lena! – mówi z wyrzutem. –
Jej też tylko ten haft dla mamy w głowie! Dlaczego nie
mogliście wybrać czegoś łatwiejszego? Takiego, jak…

– Jak wisiorek z masy solnej? – podpowiada Janek
i zaczyna się śmiać.

Marysia chce się chyba obrazić, ale zmienia zdanie
i zaczyna chichotać razem ze swoim kuzynem.

– A może, zamiast narzekać, pomożesz Martynce
i Jankowi? – proponuje babcia. – Oczywiście, o ile
oni nie mają nic przeciwko.

– Ależ skąd! – Janek ociera pot z czoła. – Im więcej rąk do pomocy, tym lepiej. Może zajmiesz się
tym górnym rogiem ze słońcem? Nie będziemy się
dzięki temu potrącać.

– Jasne. – Marysia z zapałem bierze się do pracy.

Dwadzieścia minut później dzieci kończą nanosze-
nie wosku. Teraz trzeba rozwiesić płótno na dworze
i poczekać, aż wyschnie.

– W taką pogodę to nie potrwa długo – pociesza
je babcia. – A na razie zobaczcie, jak radzi sobie Lena.

Lena skończyła wyszywać kolejny płatek.

– Bolą mnie palce – mówi. – Chętnie zrobię sobie przerwę. Pogramy w piłkę?

– Dzieci, batik wysechł! Czas na farbowanie! – woła babcia.

Janek natychmiast odkłada piłkę i biegnie na taras. Tam babcia wypełniła już miskę ciepłą wodą.

– Martynko, wsypiesz farbę z pomarańczowego pudełeczka?

– Oczywiście, babciu! – Martynka jest zaszczycona, że może to zrobić. Sypie uważnie kolorowy proszek, a Janek miesza go z wodą wielką drewnianą łyżką.

Woda robi się pomarańczowa.

– Wygląda tak, jakby ktoś wycisnął kolor z dwudziestu pomarańczy i mandarynek! – mówi Marysia zachwycona.

– Teraz włóżcie płótno do środka. Tylko nie gniećcie go za bardzo, bo wtedy kolor nie chwyci na zgięciach materiału – radzi babcia.

Dzieci wpatrują się w napięciu w miskę, w której leży ich paw w pomarańczowej kąpieli. Zupełnie jakby zaraz miał z niej buchnąć dym albo wyskoczyć dżin.

– Możecie iść się pobawić – mówi babcia. – To musi się moczyć przynajmniej godzinę.

Półtorej godziny później babcia pozwala im wyciągnąć płótno z miski. Część, która nie była pokryta woskiem, jest pięknie pofarbowana na pomarańczowo.

Babcia prasuje materiał przez gazetę, by usunąć wosk.

– Mogę ci pomóc? – pyta Marysia, ale babcia kręci głową. Żelazko jest naprawdę gorące!

– Teraz pokryjcie woskiem miejsca, których nie chcecie pofarbować na zielono – mówi babcia. – Czyli te, które mają zostać białe i pomarańczowe.

– A jeżeli jakiś pomarańczowy kawałek nie zostanie pokryty woskiem przed włożeniem do zielonej farby? – pyta Martynka.

– To stanie się brązowy! – wyjaśnia dziadek i zabawa z woskiem i tiantingiem zacznie się od początku.

ROZDZIAŁ 7

Kukułka dla mamusi

Praca wre. Kolejna warstwa wosku już wyschła i batik moczy się w misce z zieloną farbą. W tym czasie Martynka zagląda do kuzynek. Marysia wysuszyła z babcią wisiorek dla mamy i maluje go na czerwono.

— Potem pociągnę go jeszcze lakierem, tak jak poradził mi dziadek – mówi Marysia. – Dzięki temu będzie bardziej błyszczący!

— I tak jest piękny – uśmiecha się Martynka i przez moment nawet żałuje, że nie zrobiła czegoś z masy solnej. Mama przecież zawsze lubiła te prezenty…

Lena nie odrywa się od wyszywania. Ma jeszcze do wyhaftowania pięć różowych listków.

— Będę musiała przyjechać do babci w tygodniu po lekcjach – wzdycha. – Nie mogę przecież dokończyć tego w domu, mama od razu by się zorientowała.

— No tak… – Martynka cieszy się, że jej jedynym zmartwieniem będzie to, gdzie schować batik, tak by mama nie znalazła go przed Dniem Matki.

— Dzieci, chodźcie na obiad! – woła babcia. Nawet Lena musi odłożyć na moment swoją pracę.

Martynka i Janek sprawdzają po obiedzie, czy batik pokrył się już zieloną farbą, Lena zaś biegnie do pokoju, żeby wyszywać. Chce wykorzystać każdą chwilę.

Jak ci się podoba, pieseczku?

– O nieeee! – Nagle do uszu dzieci dobiega potworny krzyk.

Pędzą ile sił do Leny przekonane, że stało się coś złego. Dziewczynka leży na tapczanie z twarzą wciśniętą w poduszkę. A gdy w końcu podnosi się i patrzy na nich, widzą łzy płynące po jej policzkach.

– To okropne! Wy już macie swoje prezenty, a ja… ja nigdy nie skończę mojego! – szlocha. – Nie dam nic mamie na Dzień Matki! Nic! Zupełnie nic!

– Ale co się stało? – pyta Janek.

Lena bez słowa podaje mu kłębuszek różowej muliny, którą wyszywała płatki kwiatów. A raczej coś, co jeszcze przed obiadem było równym kłębuszkiem.

– Zobacz… Zobaczcie sami! – łka.

– Miau! – Kotek, chcąc pocieszyć dziewczynkę, zaczyna ocierać się o jej nogi.

– A psik! Uciekaj! To wszystko twoja sprawka! – Lena jest naprawdę wściekła. – Idź sobie! Nie miałeś się czym bawić, tylko moją muliną? Zobacz, ile na niej teraz jest supłów! Do niczego się nie nadaje!

— Może wyhaftujesz pozostałe płatki innym kolorem? — podpowiada Janek. — W końcu kwiaty nie zawsze są identyczne, nawet na tej samej gałęzi…

Lena, kiedy to słyszy, zaczyna płakać jeszcze bardziej. Martynka nie rozumie dlaczego. Pomysł brata wydaje jej się sensowny.

— Rozplączę te supełki — oferuje Marysia.

— Nie uda ci się — potrząsa głową Lena.

— Uda jej się! — rozpromienia się Martynka. — Ona ma naprawdę dużo cierpliwości i zgrabne, małe paluszki. Nie widziałaś nawet, jak dobrze sobie radziła z najdrobniejszymi elementami na batiku. Idealnie pokryła je woskiem!

— Jeśli ktoś może rozplątać te supły, to tylko Marysia. — Janek staje po stronie siostry. — Daj jej szansę…

Mała dziewczynka zerka na stary zegar wiszący na ścianie i mówi:

— Zrobię to w ciągu godziny. Jestem pewna.

Piesek i kotek będą jej kibicować. Zwłaszcza kotek, który nie chciał sprawić takich kłopotów.

Kwadrans później Marysia wpada do pokoju, gdzie pozostałe dzieci rozmawiają z babcią i dziadkiem. Ma łzy w oczach.

– Ten zegar nie chodzi! Nie wiem, ile czasu minęło! Wskazówki w ogóle się nie poruszają. Mamy w domu podobny i on głośno tyka. A ten nie tyka ani trochę. I wahadło się nie rusza…

– Jest zepsuty – kiwa głową dziadek. – Od dawna chciałem go naprawić. Wasza mama, Martynko i Janku, od dzieciństwa lubiła ten zegar. Właściwie już dawno powinniśmy jej go podarować… Gdyby tylko znów działał!

– Tak, mama od dawna marzyła o prawdziwym zegarze z kukułką! Zawsze powtarza, że miała taki w dzieciństwie, że wisiał nad stołem w jadalni – mówi Martynka, rozpromieniona. I zaraz smutnieje. – Ale przecież to wasz zegar, nie możecie go tak po prostu oddać.

– Oddamy go z przyjemnością – uśmiecha się babcia. – Ja nie przepadam za tym kukaniem co godzi-

nę. Cieszyłam się, prawdę mówiąc, kiedy się ze-
psuł... Faktycznie, sama nie wiem, dlaczego jej go
wcześniej nie daliśmy. Jako jedyna w całej rodzinie
naprawdę go uwielbia.

— Zaraz spróbuję naoliwić wszystkie elementy —
postanawia dziadek. — I przeczyścić mechanizm...

Dziadek macza w oliwie duże ptasie pióro i starannie oliwi zegar. Potem mocuje ostrożnie obluzowaną wskazówkę i próbuje zmusić do pracy kukułkę, która wcale nie ma ochoty wysuwać się o pełnych godzinach zza swoich drzwiczek. I wreszcie...

– Działa, działa! – Martynka i Janek zaczynają skakać z radości i krzyczeć tak głośno, że aż piesek chowa się pod łóżko.

Kukułka tymczasem wykrzykuje dwanaście razy swoje kuku i grzecznie chowa się w domku. Na sześćdziesiąt minut.

– Trzeba byłoby jeszcze porządnie ten zegar polakierować – postanawia dziadek. – Ale najpierw skończcie swój batik...

– Rozplątałam! – Marysia wpada do pokoju jak burza z równiutkim kłębuszkiem różowej muliny w dłoni. – Mówiłam, że mi się uda.

– Jesteś kochana. – Lena mocno przytula siostrę, a potem siada do przerwanej pracy. Wreszcie będzie mogła wyhaftować kolejne płatki kwiatów!

— Jaki piękny! — mówi dziadek, patrząc na batik trzymany przez Janka. Zielona farba idealnie pokryła miejsca, które miała pokryć. Teraz trzeba go tylko wysuszyć na słońcu, a potem przeprasować tkaninę przez gazetę lub papierowy ręcznik, żeby pozbyć się kawałków wosku. I już, można będzie batik zapakować i wręczyć mamusi.

— Twój wisiorek też jest bardzo elegancki — mówi babcia do Marysi. — Powiesimy go na fioletowym sznureczku, będzie wyglądał znakomicie.

Piesek podchodzi do batiku, wącha go zaciekawiony i zaczyna kichać.

— Oj, faktycznie, to nasze arcydzieło jakoś dziwnie pachnie — martwi się Martynka. — Może powinniśmy je uprać, zanim obdarujemy mamusię?

— Świetny pomysł — kiwa głową babcia.

— Miauuuu! — Kotek jeży sierść na widok pawia na batiku, jakby próbował go przestraszyć.

— Udało wam się przekonać kota, że ten ptak jest prawdziwy! — śmieje się dziadek. — Moje gratulacje!

ROZDZIAŁ 8

Kocioł czarownicy

Zegar wygląda jak nowy. Martynka wyszorowała go ostrą szczotką, a Janek pokrył starannie dwoma warstwami lakieru.

Wszystkie prezenty są już gotowe. Rodzice przyjadą lada chwila odebrać swoje dzieci.

Marysia chowa wisiorek dla mamy do kieszeni. Lena zostawia haft u babci. Musi przyjechać jeszcze raz, żeby go dokończyć.

Ale co mają zrobić Martynka i Janek? Gdzie mogliby ukryć zegar i batik? Jak przemycić je do domu i schować przed mamą na kilka dni?

— Mama zawsze wszystko zauważa! — mówi Janek.

— Musimy więc po prostu zapakować te prezenty — decyduje Martynka.

— No tak, mama wtedy nie będzie wiedziała, co jest w środku… ale będzie wiedziała, że coś szykujemy. A nie o to chodzi — kręci głową Janek.

— Poszukajmy specjalnego opakowania — uśmiecha się babcia. — Czegoś, co wcale nie wygląda, jakby kryło w sobie prezenty.

— Świetny pomysł! — podskakuje Martynka. — Ale co to mogłoby być?

— Idźcie na strych, na pewno coś tam znajdziecie — radzi dziadek.

Martynka i Janek z radością przeszukują strych, czy też jaskinię skarbów, jak go nazywają żartem.

– To musi być magiczne miejsce – mówi Janek. – Zawsze znajdujemy tu dokładnie to, czego szukamy.

Tym razem też tak jest. W kącie stoi stare, miedziane naczynie. Garnek? Donica? Nie są pewni. Ale wiedzą, że jest dostatecznie duże, żeby zmieściły się w nim zegar i batik.

– Możemy wziąć? To znaczy pożyczyć? – pytają.

– Oczywiście – uśmiecha się babcia. – Kiedyś posadziłam w nim dracenę, ale nie chciała rosnąć. Wo-

lała zwykłą, glinianą doniczkę. O, widzicie, w środku są wciąż drobinki ziemi. Musicie wyszorować naczynie, żeby nie pobrudzić batiku.

Dzieci trą więc całą donicę miękkimi szmatkami, miejsce przy miejscu.

– Te zielone plamki nie chcą zejść – mówi Janek zdyszany. – Szoruję z całej siły i nic.

– Gdy metal się utlenia, szczególnie w wilgotnym powietrzu, powstaje na nim taka warstewka – wyjaśnia dziadek. – Na żelaznych przedmiotach jest to rdza. Na miedzi natomiast ta warstwa wygląda właśnie tak jak na tej donicy. Posągi w parkach też często są zielonoszare, prawda? To dlatego, że na powierzchni metalu zachodzi proces utleniania, czyli oksydacji.

Martynka nagle coś sobie przypomina:

– Mamusia ma wisiorek ze srebra, który jest prawie cały czarny. I mówiła cioci Lusi, że lubi takie właśnie oksydowane srebro.

– Tak – kiwa głową dziadek. – Srebro, miedź i inne metale można też oksydować dla ozdoby. Ale

Mama nie domyśli się, że w środku jest prezent.

potem trzeba je dokładnie umyć, bo taka warstwa
jest trująca. A więc szorujcie dokładnie tę donicę!
I nie pozwalajcie pieskowi jej lizać.

Pół godziny później naczynie lśni złotopomarań-
czowym blaskiem. Babcia wkłada na dno kuchenną
ściereczkę, a Janek ostrożnie stawia na niej zegar i za-
wija rogi ściereczki. Na wierzchu kładzie batik z kolorowym pawiem i jeszcze jedną ściereczkę. Prezenty
są teraz doskonale ukryte!
    W samą porę! Samochód rodziców podjeżdża wła-
śnie pod dom.
    – Dobrze się bawiliście? – pyta mama.
    – Świetnie! Zrobiliśmy mnóstwo rzeczy! – woła
Martynka.
    – Jakich rzeczy? – Mama jest zainteresowana.
    – No… różnych… na przykład… – Janek zupełnie
nie wie, co odpowiedzieć. Martynka wypala więc:
    – Ugotowaliśmy eliksir w kotle czarownicy!
    – Paskudny eliksir! – dodaje Janek.

Mama śmieje się i pogania dzieci, by wsiadały do samochodu. Rodzice Leny i Marysi też na pewno niedługo przyjadą po swoje córeczki…

Martynka ostrożnie wkłada miedziane naczynie do bagażnika.

– Eliksir wciąż tam jest? – pyta mama.

– Oczywiście – kiwa głową Janek. – Musi tam stać siedem dni i siedem nocy! I nie wolno do niego zaglądać.

Babcia, stojąc na werandzie, zakrywa usta, żeby się nie roześmiać. Uczyła wnuki wiele razy, że nie wolno kłamać. Ale kłamstwo takie jak to nie jest tak naprawdę kłamstwem. To mała sztuczka, by ukryć wielką niespodziankę. O takie kłamstwo nikt nie może się złościć!

Gdy tata zamyka bramę, a mama wyciąga rzeczy z samochodu, Martynka i Janek przenoszą kocioł czarownicy do szopy na narzędzia w głębi ogrodu.

– Pamiętasz, co mówił dziadek? Musimy wyjąć zegar, a najlepiej powiesić go na ścianie, by wysechł – przypomina Janek. – O, tu jest taki haczyk, ukryty za regałami. Idealny! Nikt nie zauważy zegara, nawet jeśli zajrzy do szopy.

Zegar schnie na haku, kocioł stoi schowany za kosiarką…

Dzieci, jak gdyby nigdy nic, wesoło biegną do domu. Nie zauważają, że tuż za nimi, przez szparę w drzwiach do szopy wślizgnął się kotek…

ROZDZIAŁ 9

Niegrzeczny kotek!

astępnego dnia dzieci zakradają się do szopy i od razu dostrzegają, że coś się zmieniło.

– Spójrz tylko! – woła Martynka przerażona. – Batik wystaje z donicy! I wcale nie jest już złożony w równy kwadrat.

– Zobacz, ślady łap! – Janek uważnie ogląda batik i szmatkę, którą przykryte było metalowe naczynie. – Już wiem, kto tu buszował, kiedy spaliśmy.

– Kotek? – domyśla się Martynka. – No tak, musiał się wślizgnąć, gdy ukrywaliśmy prezenty. I pewnie ciągle gdzieś tu siedzi.

– Niekoniecznie. – Janek uważnie rozgląda się dookoła. – Nie zamykaliśmy przecież drzwi na klucz. A jeśli się ich nie dociśnie, zostaje szpara...

– Szpara ratunkowa – uśmiecha się Martynka.

Już w zeszłym roku ustalili z rodzicami, że nie będą zamykać drzwi do szopy, żeby zwierzęta mogły się tam schronić przed mrozem albo deszczem... Piesek i kotek często w ładną pogodę nie chcą wracać do domu, a potem, gdy zaczyna padać, a domownicy są w szkole i w pracy, nie mają gdzie się schować. W styczniu podczas największych mrozów na regale buszowała nawet wiewiórka! Tak, ta szpara naprawdę ratuje zwierzaki w razie niepogody. Ale teraz może być niebezpieczna dla prezentów!

— Co będzie, jeśli kotek wróci i całkiem zniszczy batik? — wzdycha Janek.

Martynka zastanawia się przez moment i podejmuje decyzję:

— Schowam go pod swetrem i wniosę do domu, gdy mama będzie siedzieć przy komputerze. Na pewno nic nie zauważy. A w domu… Już wiem! Ukryję go na półce pod prześcieradłami. Zmienialiśmy pościel trzy dni temu, więc na razie nikt tam nie będzie zaglądał.

— Dobry pomysł! — uśmiecha się jej brat. — Ale co z zegarem? Jeśli lakier jeszcze całkiem nie wyschł, kocie pazury mogą go łatwo uszkodzić.

Patrzą na niego w milczeniu. Wisi tak wysoko…

— Chyba jest tu bezpieczny — mówi niepewnie Martynka. — Kotek nie da rady go strącić. Zresztą, po co miałby to robić?

— Gdybyśmy go nakręcili, to może by go zainteresowało tykanie, kukułka wyskakująca zza drzwiczek i poruszające się wahadło. Ale uruchomimy go przecież dopiero w Dniu Matki jednym pociągnięciem za sznur z tymi ślicznymi szyszkami. Na razie wisi nieruchomo i jest dla kota równie nudny, jak wąż do podlewania ogrodu, sekatory do przycinania gałązek albo kosiarka taty.

– No dobrze – mówi Martynka nie do końca przekonana i wychodzi z szopy, nie dociskając drzwi i nie przekręcając klucza. – Ach, żeby ten Dzień Matki był trochę wcześniej!

Ukrycie batiku pod prześcieradłami przebiega zgodnie z planem. Mama akurat rozmawia przez telefon z kolegą z pracy, dyktuje mu coś z ekranu komputera z bardzo poważną miną. Nie zauważyłaby nawet stada słoni przebiegającego za jej plecami!

Martynka jednak ciągle martwi się o zegar wiszący w szopie. Nie może się skupić na odrabianiu lekcji. Wygląda przez okno i co chwilę sprawdza, czy kotek jest w zasięgu jej wzroku.

– Kotku, chodź do mnie. Proszę, chodź. Kici, kici – woła znad zeszytów.

I kotek pojawia się na moment, ociera o jej nogi, jakby chciał ją uspokoić...
I gdy tylko Martynka powraca do zadań z matematyki, biegnie prosto do szopy!

Już poprzedniego dnia zaciekawił go zapach lakieru i dziwne drewniane szyszki wiszące na sznurkach pod zegarem. Może się na nich pobuja?

Kotek bez trudu wskakuje na kosiarkę, z niej na regał, i wspinając się z jednej półki na drugą, dostaje się pod sam zegar. Jeszcze jeden skok i...

Ojej! Ciągnąc za sznur, kotek uruchomił mechanizm! Wszystko nagle zaczyna się ruszać. Wahadło kiwa się w lewo i w prawo, zegar głośno tyka, wskazówki ustawiają się na pełnej godzinie, a wtedy drzwiczki nad zegarową tarczą nagle się otwierają i pojawia się w nich ptaszek.

– Kuku! Kuku! – woła, a potem znika.

Kotek z wysiłkiem wspina się na daszek zegara i próbuje otworzyć łapką drzwiczki. Musi dopaść tego ptaszka!

– Idę do ogrodu, muszę wreszcie przyciąć pędy róży! – woła mama do Martynki.

– Nieee! – Dziewczynka wypada z pokoju, strącając zeszyt z biurka, i wyprzedza mamę. – To znaczy… tak, oczywiście, trzeba je przyciąć. Chętnie ci pomogę. Może przyniosę sekator z szopy?

– Dobrze… – Mama jest nieco zaskoczona. – Ale mówiłaś, że masz dużo zadane.

– Już prawie wszystko zrobiłam. Chwila relaksu na pewno mi się przyda. Sama mi czytałaś kiedyś artykuł o tym, że nie można się uczyć bez przerwy, prawda?

— Tak, oczywiście. — Mama powoli wkłada buty, Martynka zaś błyskawicznie wciska stopy w swoje tenisówki i pędzi do szopy, najszybciej jak może.

— Zaraz ci podam sekator! Poczekaj przy różach — woła do mamusi.

— O nie! Co ty tam robisz? Jakim cudem uruchomiłeś zegar? — mówi dziewczynka na widok kotka siedzącego na drewnianym daszku i próbującego otworzyć drzwiczki, za którymi jest ukryta kukułka. — Oj, głupiutki kotku… Uciekaj, i to już!

Martynka bierze z półki sekator, a potem zdecydowanym ruchem przekręca klucz w drzwiach szopy.

„Miejmy nadzieję, że do Dnia Matki nie będzie burzy i żadne zwierzę nie będzie chciało się tu schronić" – mówi do siebie.

– Proszę, mamusiu. – Martynka podaje mamie sekator i biegnie do domu.

– Już odpoczęłaś? – dziwi się mama.

– Tak! – woła do niej dziewczynka. – Nie potrzebuję długich przerw w nauce, wystarcza mi dosłownie minutka. Pa, mamusiu! Miłej pracy!

– Co się stało? – Janek stoi w przedpokoju i wpatruje się w nią przerażony. Martynka opowiada więc wszystko po kolei.

– Muszę iść do szopy, żeby sprawdzić, czy kot nie zdrapał lakieru – decyduje Janek. – Ale to dopiero, jak mama skończy z różami...

ROZDZIAŁ 10

Wielki dzień

Mama nie może zrozumieć, dlaczego drzwi do szopy są cały czas zamknięte.

– Przecież umawialiśmy się, że nie będziemy przekręcać klucza ze względu na zwierzęta – mówi po

obiedzie, na który przyjechały Lena i Marysia. – Nie
wiedziałam, że komuś z naszej rodziny to przeszkadza.

– To my zamknęliśmy szopę. – Martynka wie, że
musi się do tego przyznać. – Chodzi o… o ten kocioł
czarownicy. A właściwie o to, co jest w kotle. To po
prostu musi być zamknięte, jeszcze przez kilka dni.
Zamknięte na klucz.

— Tajemniczy eliksir nie lubi słońca? – śmieje się mama.

— A może raczej powietrza, co? Wróg świeżego powietrza. – Tata też zaczyna chichotać. – Zgadliśmy?

— Tak – kiwa głową Martynka i zaraz zmienia zdanie. – To znaczy… chodzi o eliksir… On może być zaczarowany. Nie wiemy, czy jest, ale podejrzewamy, że może być… Na wszelki wypadek nie chcemy wpuszczać do szopy żadnych zwierząt.

— Dbamy o to, żeby nikomu nic się nie stało – dodaje Janek.

— Rozumiem – uśmiecha się mama. – A kiedy będziemy mogli wypróbować ten eliksir?

— Już niedługo! – mówi Martynka.

— Naprawdę, bardzo niedługo – zapewnia Janek. – Ale na razie nie możemy oddać ci kluczy…

— Ale ja przecież zamknę szopę, tak jak wy, i żadne zwierzę tam nie wejdzie. – Mama próbuje jeszcze raz.

Martynka, widząc, że nie ma innego wyjścia, zaczyna więc przedstawienie. Wysuwa palec wskazu-

jący i macha nim jak szalona, mówiąc przy tym dziwacznym głosem:

– To jest tajemnica… wielki sekret. Jeśli chcemy, żeby eliksir naprawdę był magiczny, nie może się do niego zbliżyć nikt dorosły. No, chyba że prawdziwa czarownica. Jesteś czarownicą?

– Nie jestem – śmieje się mama i odchodzi. – Dajcie mi tylko ten duży sekator do gałęzi – prosi już w progu domu.

A dzieci oczywiście szybko go przynoszą.

Wreszcie nadciąga wielki dzień. Z samego rana Martynka i Janek idą z tatusiem na targ i kupują ogromne bukiety kwiatów.

– Frezje! One tak pięknie pachną! Mama uwielbia ich zapach! – Dzieci nie mają problemu z wyborem.

Tata kupuje też bukiet piwonii dla swojej mamy. Odwiedzi ją wieczorem.

– Ach, zapomniałbym! Wasza mama prosiła, żebym kupił też kwiaty dla jej mamy… Pojedzie do

niej po obiedzie – mówi tatuś i wybiera trzeci bukiet. Tylko jakie kwiatki najbardziej lubi jego teściowa? Nie może sobie przypomnieć. Ach tak, żonkile! Zwykle nie ma ich już pod koniec maja, to wczesnowiosenne kwiaty… ale tym razem ma szczęście, jedna z kwiaciarek sprzedaje późną odmianę.

– Babcia się ucieszy! – podskakuje z radości Martynka.

Tego dnia wszystkie mamy powinny dostać kwiaty od swoich dzieci. Nawet jeśli te dzieci są już całkiem dorosłe i mają już swoich synków i córeczki.

W domu Martynka i Janek proszą mamę, żeby usiadła i poczekała spokojnie kilka minut. Po chwili wnoszą miedziane naczynie i stawiają u jej stóp.

– Wielka Rodzinna Szkoła Magii i Czarów ma zaszczyt przekazać szanownej pani te oto dary – mówi Martynka. – Eliksir wreszcie może ujawnić swą moc!

Najpierw wręczają mamie paczkę z batikiem.

– Sami go zrobiliśmy! – wyjaśnia Janek.

– Och! – Mamusia nie może powiedzieć nic więcej. Czy to czary, czy wzruszenie odebrało jej mowę?

W starym pudełku po butach, owiniętym przy pomocy taty ozdobnym papierem, leży zegar z kukułką.

– Mój ukochany zegar! Znowu działa? Jak przekonaliście dziadka, żeby mi go dał? – pyta mama.

– To magia – śmieje się Janek. – Czy szanowna pani pozwoli, że powieszę zegar na ścianie?

– Moje skarby! – mówi mamusia.

Wygląda, jakby miała się rozpłakać z emocji… Ale nagle wskazówki na zegarze przesuwają się, a zza drzwiczek wyskakuje kukułka.

– Kuku! Kuku! – woła.

I wszyscy zaczynają się śmiać i klaskać z radości.

KONIEC

Wszystkiego najlepszego, mamusiu!

Chcę, żeby moja mama wiedziała, jak bardzo ją kocham. Dlatego tak się przygotowuję do Dnia Matki.

Mama: To najczulsze i najpiękniejsze słowo świata w większości języków brzmi podobnie. Od niego pochodzi wiele innych – mamusia, mateczka, matula, mamunia.

Macocha: W bajkach jest zwykle zła i podstępna, ale tak naprawdę to druga żona taty, która razem z nim wychowuje jego dzieci. Może je bardzo kochać.

Macierzyństwo: To po prostu bycie mamą.

Urlop macierzyński: Urlop, który dostaje kobieta po urodzeniu dziecka, żeby się nim zajmować. Noworodek potrzebuje przecież mamy przez cały dzień i noc.

Antyczne święto

Już w starożytności matki otaczano czcią. Starożytni Grecy wiosną podczas specjalnych festynów składali hołd bogini Rei, matce wszechświata i wszystkich bóstw. A w starożytnym Rzymie 1 marca obchodzono Matronalia – święto matek i żon.

Zapamiętaj tę datę!

W Polsce Dzień Matki świętujemy 26 maja. Po raz pierwszy uroczyście obchodzono go w 1914 roku w Krakowie. Tego dnia młodsze dzieci dają swoim mamom laurki, starsze – kwiaty albo prezenty, a jeśli są daleko – dzwonią z życzeniami.

Dzień Ojca
obchodzimy
23 czerwca, Dzień
babci – 21 stycznia,
a Dzień Dziadka –
zaledwie jeden
dzień później.
Dzieci też mają swoje
święto. Tę datę
pamiętasz na pewno:
Dzień Dziecka
przypada 1 czerwca.

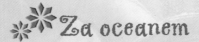

Za oceanem

W 1858 roku amerykańska nauczycielka Ann Maria Reeves Jarvis ogłosiła Dni Matczynej Pracy, a od 1872 obchodzono Dzień Matek dla Pokoju. W 1914 roku w Stanach Zjednoczonych Dzień Matki uznano za święto narodowe, przypada tam ono w drugą niedzielę maja.

Co kraj, to obyczaj

Dzień Matki obchodzi się:
we Francji – w ostatnią niedzielę maja (jeśli wypadają wtedy Zielone Świątki, to przenoszony jest na pierwszą niedzielę czerwca), w Anglii – w czwartą niedzielę Wielkiego Postu, w Norwegii – w drugą niedzielę lutego, w Rosji – w ostatnią niedzielę listopada.

Największa tajemnica

Wszyscy szykują coś na Dzień Matki. Staram się, żeby mama nie wiedziała, co od nas dostanie.

W poszukiwaniu niespodzianki

Z czego mama naprawdę się ucieszy? Zadaję sobie to pytanie i zapisuję wszystko, co przychodzi mi do głowy. Potem skreślam te pomysły, których nie da się zrealizować i wybieram najlepszy. Następnie przystępuję do działania…

Dobra kryjówka

Kiedy prezenty są już gotowe i zapakowane, trzeba poszukać schowka, gdzie mama nie znajdzie ich przez kilka czy kilkanaście dni. Pomyśl o jakimś miejscu, w które mama rzadko zagląda. Nie masz szopy w ogrodzie? Może więc ukryjesz prezent między swoimi zabawkami albo za książkami na półce.

Oszczędności ze skarbonki

Biżuteria, perfumy, piękny szal… Te prezenty są kuszące, ale drogie. Może nie wystarczyć na nie pieniędzy odkładanych od miesięcy do skarbonki. Spróbuj poprosić o wsparcie tatę albo wymyśl coś innego.

Pomocy! Babciu! Tato!

Czasami naprawdę trudno wpaść na dobry pomysł. Prezent ma przecież pokazać mamie, że się ją bardzo kocha. Powinien być oryginalny, sprawić jej przyjemność… Gdy wydaje się, że nigdy już nie wymyślimy nic odpowiedniego, najlepiej oderwać się na chwilę od myślenia i pograć w piłkę. A potem poprosić o pomoc tatę, babcię albo dziadka. Oni mogą mieć świetne pomysły!

Dla niej, a nie dla nas!

Wybierając prezent, pamiętaj, że ma on ucieszyć osobę obdarowywaną, a nie ciebie. Nie dawaj mamie książki, którą chcesz, żeby czytała ci na dobranoc, ani twoich ulubionych cukierków w nadziei, że się z tobą podzieli. Przybory kuchenne to też kiepski pomysł. Mama będzie przecież dla ciebie robić gofry w nowej gofrownicy, na którą naciągniesz tatę, i piec dla ciebie ciasteczka w nowych foremkach.

Własnoręczny haft to szczególny prezent.

Stara, dobra klasyka

Bukiet kwiatów, korale z makaronu albo z fasoli, laurka – to klasyczne prezenty na Dzień Matki. Może nie są zbyt oryginalne, ale wzruszają i cieszą każdą mamę.

Zrób to własnoręcznie

Takie prezenty ucieszą mamę najbardziej.
Są jedyne na świecie, zrobione specjalnie dla niej.
Warto się postarać!

Rysunek albo kolaż

Zamiast klasycznej laurki narysuj dla mamy obrazek i opraw go w ramkę. Może to być jej portret lub scenka ze wspólnych wakacji. A może do rysunku dołączysz wyklejankę ze starych gazet albo zdjęć waszej rodziny?

Masa solna

To prosta technika, dzięki której można zrobić wiele pięknych rzeczy: ramkę do zdjęć, małe figurki, wisiorek w kształcie serca. Poproś tatę albo babcię, żeby pomogli ci przygotować taką masę.

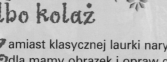

Odcisk dłoni

Twoje ręce ciągle rosną, więc odcisk małej rączki będzie dla mamy doskonałą pamiątką. Wystarczy posmarować dłoń farbą i odbić ją na papierze, a obok napisać życzenia i koniecznie datę. Możesz też oprawić taki odcisk dłoni w ramkę. Emocje gwarantowane!

Wehikuł czasu

Czasami mamę najbardziej cieszy coś, co jest wspomnieniem z jej dzieciństwa. My znaleźliśmy stary zegar i przywróciliśmy go do życia. Może w domu dziadków też natkniesz się na coś takiego? A może ładnie okleisz kolorowym papierem jakieś stare pudełko? Zawsze znajdzie się coś, co można odnowić!

Kolorowy batik

Kawałek materiału, wosk, farby do tkanin, odpowiedni wzór... Ta technika wymaga cierpliwości i pomocy kogoś dorosłego. Za to efekt może przejść najśmielsze oczekiwania!

Przedmiot, który budzi wspomnienia, na pewno będzie wspaniałym prezentem!

Słodki prezent

Może upieczesz dla mamy ciasto przy pomocy babci lub taty? Stary angielski zwyczaj każe dać mamie na Dzień Matki keks, pełen migdałów i przypraw.

Moje małe sekrety

Ważny jest pomysłowy prezent, ale mamę najbardziej ucieszą piękne życzenia, piosenka lub wierszyk.

Następnym razem też spróbuję wyhaftować coś dla mamy...

Użyję jej ulubionych kolorów!

UWAGA!

Unikaj kupowania lub przygotowywania prezentu w ostatniej chwili. Możesz wtedy wybrać coś banalnego, bądź zrobić go byle jak.

MÓJ WŁASNY WIERSZYK

Chcę powiedzieć mamie, jak bardzo ją kocham. Szukam więc w książkach odpowiedniego wiersza, żeby go dla niej wyrecytować. A może powinnam raczej napisać coś samodzielnie? Moje własne słowa najlepiej oddadzą to, co do niej czuję.

A może nagramy z tatą na jednej płycie wszystkie jej ulubione piosenki?

KOLEKCJA POMYSŁÓW

Przez cały rok uważnie słucham, co podoba się mamie, o czym marzy. Obserwuję jej uśmiechy przy sklepowych wystawach, notuję w myślach, co mówi o książkach, filmach, piosenkach. Potem ta wiedza bardzo się przydaje! Mogę kupić za oszczędności książkę jej ulubionego autora albo płytę, którą chciałaby mieć.

Dzień wszystkich mam

W mojej rodzinie jest więcej mam: moja mama, ale też mama mojego taty i mama mojej mamy, czyli moje obie babcie. 26 maja to także ich święto! Rodzice odwiedzają je po pracy, albo zapraszamy je do siebie. Wszystkie mamy powinny tego dnia dostać prezenty i życzenia od swoich dzieci, nawet tych dorosłych.

Wszystkiego najlepszego!
Jesteś najlepszą mamą
na świecie!

PORA RUSZYĆ DO AKCJI!

Mama uwielbia, gdy mówię, że ją kocham… ale tego dnia chcę, żeby nie tylko to słyszała, ale także czuła. Staram się więc wcześniej wstać i zrobić jej śniadanie, pomóc w sprzątaniu, nakryć do stołu przed obiadem, a potem pozmywać… Takie gesty najlepiej wyrażają miłość!

Mamusiu, bardzo cię kocham! Ten prezent zrobiłam specjalnie dla ciebie!

Najlepsza nagroda

Gdy widzę w oczach mamy radość, łzy wzruszenia i niedowierzanie na widok prezentu, który zrobiłam, wiem, że wszystko się udało. Ta chwila to dla mnie najwspanialsza nagroda za godziny spędzone nad robieniem batiku. Wiem, że mama jest szczęśliwa. I że kocha nas tak bardzo jak my ją.

W serii:

Moje czytanki

Martynka

Moje czytanki
Martynka
W zoo
Liliana Fabisińska

Moje czytanki
Martynka
W górach
Liliana Fabisińska

Moje czytanki
Martynka
W szkole tańca
Liliana Fabisińska

Moje czytanki
Martynka
Kociak włóczęga
Liliana Fabisińska

Moje czytanki
Martynka
Troskliwa opiekunka
Liliana Fabisińska

Moje czytanki
Martynka
Kochana mamusia
Liliana Fabisińska

Moje czytanki
Martynka
Wizyta doktora
Liliana Fabisińska

Moje czytanki
Martynka
Nauka jazdy konnej
Liliana Fabisińska

Moje czytanki
Martynka
W szkole
Liliana Fabisińska

Moje czytanki
Martynka
Nad morzem
Liliana Fabisińska